westermann

Kleeblatt

Kompetenzheft Richtig schreiben 2

Bayern

Inhalt

Wörter schwingen und deutlich sprechen

Silben

Wie kann ich einzelne Laute in Wörtern deutlicher hören?

Ich spreche das Wort in Teilen. Diese Teile heißen Silben.

Dabei klatsche, schwinge, schreite oder hüpfe ich.

1 Klatsche, schwinge, schreite oder hüpfe die Wörter.
Die Trennstriche helfen dir.

	Au-ge	☐		Brot	☐		Scho-ko-la-de	☐
	To-ma-te	☐	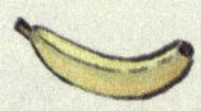	Ba-na-ne	☐		Te-le-fon	☐

2 Aus wie vielen Teilen bestehen die Wörter im Kasten von Aufgabe 1?
Trage die Anzahl der Silben ein.

3 Sprich die Wörter in Silben. Du kannst auch dazu klatschen.
Zeichne im Kasten unter jede Silbe einen Silbenbogen.

Ende	Schule	Lineal	Aufgabe	Hofpause
böse	Hose	blau	Name	Weitsprung

4 Überprüft gemeinsam eure Ergebnisse von Aufgabe 3.

5 Schreibe die Bildwörter mit Trennstrichen auf.

Ich kann Wörter in Silben gliedern. ☺ 😐 ☹

Vokale in Silben

Was haben alle Silben gemeinsam?

In jeder Silbe ist ein Vokal, Umlaut oder Zwielaut. Diese Laute bilden den Silbenkern.

1 Markiere in jeder Silbe den Vokal, Umlaut oder Zwielaut.

Mar-tin und sei-ne Schwes-ter kau-fen schö-ne Blu-men.
Sie ha-ben ro-te Blü-ten. Sie schen-ken sie ih-rer O-ma.
Da-rü-ber freut sie sich sehr.

2 Setze die fehlenden Vokale, Umlaute und Zwielaute ein.

R___pen  B___me  F__t__s  K__st__ 

__m___s__  M__w__  N__d__ls__l__t 

3 Schreibe die Wörter aus Aufgabe 2 mit Trennstrichen auf.
Markiere die Vokale, Umlaute und Zwielaute farbig.

4 Sprich die Wörter in Silben.
Markiere dann die Vokale, Umlaute und Zwielaute.

Lara ist die Bergkirchweih zu laut.
Sie träumt von einer Reise in den Süden.

Ich kann Vokale in Silben erkennen. ☺ 😐 ☹

– Phonologisches und silbisches Prinzip nutzen
– Vokal als Silbenkern erkennen

Besondere Wortenden: -el, -en und -er

(1) Sprich die Wörter im Kasten deutlich aus.
Du kannst auch dazu klatschen.

Morgen Nadel Onkel Regen Meter Winter wünschen Ranzen dunkel

(2) Kreise im Kasten von Aufgabe 1 die Endungen **-el**, **-en** und **-er** ein.

(3) Schreibe die Bildwörter geordnet auf.
Sprich beim Schreiben jeden Buchstaben mit.

-el ______________________

-en ______________________

-er ______________________

(4) Schreibe vier Verben in der Grundform auf. Kreise die Endung **-en** ein.

____

Ich kann Wörter mit **-el**, **-en** und **-er** schreiben. ☺ 😐 ☹

– Phonologisches und silbisches Prinzip nutzen
– Unbetonte Endsilben richtig schreiben

Besondere Wortanfänge: Sp/sp und St/st

1 Bei welchen Wörtern hörst du (schp) oder (scht)?
Setze **Sp/sp** oder **St/st** ein.

___olpern	___ark	___ein	___ät	___unde
___urm	___ort	___rechen	___ülen	___ielen

2 Schreibe die Wörter geordnet auf.

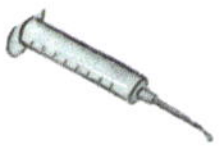 ? ritze

 ? echt

 ? orch

 ? arschwein

 ? inne

 ? empel

 ? uhl

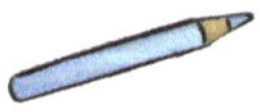 ? ift

 ? raße

Wörter mit **Sp/sp**	Wörter mit **St/st**

Ich kann Wörter mit **Sp/sp** und **St/st** schreiben. ☺ 😐 ☹

– Phonologisches Prinzip nutzen
– Verschiedenheit von Aussprache und Schreibungen erkennen

Silben sprechen und unterscheiden

1 Sprich die Wörter im Kasten deutlich aus.
Bei welchen Wörtern ist der Vokal in der ersten Silbe lang und deutlich zu hören? Bei welchen Wörtern ist der Vokal in der ersten Silbe kurz und nicht so deutlich zu hören?

Rabe Wolke Dose Taste Schere Scherbe Biber Finger

2 Schreibe die Wörter von Aufgabe 1 geordnet mit Trennstrichen auf.

langer Vokal ____________________

kurzer Vokal ____________________

3 Schreibe die Verben in der Grundform mit Trennstrichen auf.

er rechnet	rech-nen	du badest	ba-den
sie findet		er sucht	
du hilfst		er holt	

4 Markiere in Aufgabe 3 den Vokal in der ersten Silbe mit einem Strich, wenn er lang und deutlich zu hören ist, und mit einem Punkt, wenn er kurz und nicht so deutlich zu hören ist.

5 Vergleicht gemeinsam eure Lösungen.

Ich kann offene und geschlossene Silben erkennen. ☺ 😐 ☹

Wörter mit ei

(1) Verbinde jeweils die Reimpaare.

deine	fein	Ei	Zeit	Eis
breit	zwei	meine	klein	Kreis

(2) Schreibe die Bildwörter auf.

 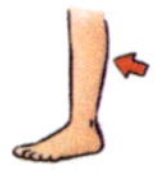    

Ich kann Wörter mit **ei** schreiben.

Wörter mit sch und ch

(1) Setze die Wörter passend in die Lücken ein.

Woche möchte scheint braucht machen hoch schneidet frisches

Susanne verbringt eine ______ ______ oben in

den Bergen bei ihren Großeltern. Jeden Tag ______ die Sonne.

Opa ______ ______ Gras.

Das ______ Oma für die Ziegen.

Susanne ______ nur noch hier Urlaub ______ .

Ich kann Wörter mit **sch** und **ch** schreiben.

– Phonologisches und silbisches Prinzip nutzen
– Mehrgliedrige Grapheme erkennen

Wörter mit r nach Vokal

1 Sprich die Wörter im Kasten deutlich in Silben.
Achte dabei besonders auf das Ende der ersten Silbe.

schwarze	Karte	Erde	Gurke	Arme	Birne
Pferde	warten	Harke	Torte	turnen	Partner
dürfen	lernen	Würmer	starten	Harke	arbeiten

2 Markiere das **r** in der ersten Silbe der Wörter von Aufgabe 1.

3 Verlängere die Wörter und schreibe sie mit Trennstrichen auf

Schmerz	Korb	Stern	Kerze	Sturm	Gurt
Herz	Wort	Turm	warm	scharf	sie darf

4 Markiere das **r** in der ersten Silbe der Wörter von Aufgabe 3.

Ich kann Wörter mit **r** nach Vokal schreiben.

Wörter schwingen und deutlich sprechen

– Phonologisches und silbisches Prinzip nutzen
– Vokallängen unterscheiden

Wörter mit B/P, D/T, G/K

1 Sprich die Wörter einmal mit **B** und **P**, **D** und **T** oder **G** und **K**. Was klingt richtig? Markiere die richtigen Buchstaben.

B / P uppe	D / T iger	G / K urke	B / P är
D / T ose	G / K och	B / P uch	D / T or
G / K amm	B / P uder	D / T aumen	G / K ans

2 Sprich die Bildwörter deutlich aus. Ergänze die richtigen Buchstaben.

 ___all

 ___irat

 ___insel

 ___irne

 ___uch

 ___asche

 ___ecke

 ___elfin

 ___isch

 ___ose

 ___eist

 ___erze

 ___äse

 ___abel

 ___iwi

Ich kann Wörter mit **B/P**, **D/T**, **G/K** richtig schreiben.

– Phonologisches Prinzip nutzen
– Lautqualitäten überprüfen

Wörter mit ng und nk

Wenn du die Wörter verlängerst oder die Grundform bildest, hörst du, ob das Wort mit **ng** oder **nk** geschrieben wird.

(1) Sprich die Wörter deutlich. Setze **ng** oder **nk** ein.

bri____en wi____en le____en eine____en fa____en si____en

(2) Verlängere die Wörter und setze **ng** oder **nk** richtig ein.

Eigentlich sitzt Timo in der letzten Ba____reihe neben Linus.

Aber heute ist er kra____. Der Ju____e tri____t viel Tee.

Er verbri____t den Tag im Bett. Ob die Klasse wohl an ihn de____t?

Ich kann Wörter mit **ng** und **nk** schreiben.

Wörter mit Pf/pf

(1) Sprich die Wörter im Kasten deutlich. Setze **Pf/pf** ein.

der ____au das ____erd ____eifen ____legen hü____en

(2) Setze die Wörter mit **pf** richtig zusammen und schreibe sie auf.

 ____________

 ____________

Ich kann Wörter mit **Pf/pf** schreiben.

Länge des Vokals prüfen

Wörter mit ie

1 Sprich diese Wörter in Silben. Du kannst auch dazu klatschen.
Hörst du ein langes **i** oder ein kurzes **i**?

Z___ge	sp___len	K___nd	s___
W___se	L___d	v___l	Gr___ßnockerl
T___r	S___lbe	St___r	l___ben

2 Trage in die Wörter von Aufgabe 1 **ie** für ein langes, **i** für ein kurzes **i** ein.

3 Welche Bildwörter haben ein langes **i**. Kreise sie ein.

4 Schreibe aus Aufgabe 3 die Wörter mit **ie** auf.

5 Kontrolliere mit der Wörterliste.

Ich kann Wörter mit **ie** schreiben.

– Phonologisches und silbisches Prinzip nutzen
– Lautqualitäten überprüfen

Silben sprechen – Silben schreiben

Wie kannst du lange und kurze Vokale unterscheiden?

Ich spreche die Wörter deutlich in Silben. Endet die Silbe mit einem Vokal, spreche ich ihn lang. Endet die Silbe mit einem Konsonanten, ist der Vokal kurz.

1 Sprich die Wörter im Kasten in Silben. Du kannst auch dazu klatschen. Zeichne unter jede Silbe einen Silbenbogen.

malen	hören	hopsen	finden	halten	machen	geben
müssen	fegen	holen	rufen	lernen	rutschen	springen

2 Schreibe die Wörter aus Aufgabe 1 mit Trennstrichen in die richtige Spalte.

Wörter mit kurzem Vokal in der ersten Silbe	Wörter mit langem Vokal in der ersten Silbe

3 Markiere den Vokal in der ersten Silbe
mit einem Strich, wenn er lang und deutlich zu hören ist, und
mit einem Punkt, wenn er kurz und nicht so deutlich zu hören ist.

4 Sprich die Wörter deutlich und trage die fehlenden Konsonanten ein.

 E___e  He___  Wo___  Bi___e  Sa___

Ich kann lange und kurze Vokale unterscheiden.

Wörter mit doppelten Konsonanten

Länge des Vokals prüfen

1 Sprich die Bildwörter deutlich.
Kreise die Bilder ein, bei denen der erste Vokal kurz gesprochen wird.

2 Welchen Konsonanten hörst du nach dem kurzen Vokal?
Verdoppele ihn beim Schreiben.

 Ro____er  Ko____er  Hi_____el  Kla____e

 So____e  Wa____er  Me____er  Pu____e

3 Schreibe die Wörter mit doppelten Konsonanten mit Trennstrichen auf.
Markiere den kurzen Vokal mit einem Punkt.

Mu [t / tt] er   So [m / mm] er   schma [l / ll]   so [l / ll] en   le [s / ss] en

Ge [l / ll] d   a [l / ll] e   stu [m / mm]   Sa [n / nn] d   kö [n / nn] en

Ich kann Wörter mit doppelten Konsonanten schreiben. ☺ 😐 ☹

– Phonologisches und silbisches Prinzip nutzen
– Silbisch mitsprechen

Wörter verlängern

Wörter mit d am Wortende

(1) Welche Laute fehlen?
Verlängere die Wörter und schreibe sie in der Mehrzahl auf.

 Pfer? viele ______ ein ______

 Bar? viele ______ ein ______

 Klei? viele ______ ein ______

 Stif? viele ______ ein ______

 Bil? viele ______ ein ______

 Plane? viele ______ ein ______

(2) Schreibe in Aufgabe 1 die Wörter auch in der Einzahl auf.

(3) Entscheide, ob die Wörter am Wortende mit **d** oder **t** geschrieben werden.
Setze die richtigen Buchstaben ein.

Bro__	gesun__	kal__	hunder__	Zel__	Zei__
Einra__	Mun__	Han__	er zeig__	Duf__	brei__
Wel__	Stran__	Win__	er schreib__	run__	Kin__

Ich kann Wörter verlängern und **d** am Wortende hören.

Wörter mit b, d und g am Wortende

1 Welche Laute fehlen?
Verlängere die Wörter und schreibe sie in der Mehrzahl auf.

 Ban? viele ______ eine ______

 Bur? viele ______ eine ______

 Bu? viele ______ ein ______

 Zel? viele ______ ein ______

 Lan? viele ______ ein ______

 Kal? viele ______ ein ______

2 Schreibe in Aufgabe 1 die Wörter auch in der Einzahl auf.

3 Entscheide, ob du **b/p**, **d/t** oder **g/k** einsetzen musst.

b/p	d/t	g/k	?
Sta__	run__	Sie__	Geträn__
Lum__	leich__	Musi__	er leb__
Sie__	es gib__	Mitta__	Zwei__
lie__	Freun__	flin__	Mon__
gel__	sie üb__	Flu__	sie sag__

Ich kann Wörter mit **b/p**, **d/t**, **g/k** verlängern. ☺ 😐 ☹

Wörter verlängern

– Morphologisches Prinzip nutzen
– Verhärtungen richtig schreiben

Wörter ableiten

Wörter mit Ä/ä

1 Welche Wörter sind miteinander verwandt?
Unterstreiche sie in der gleichen Farbe.

warm	Tag	Wahl	tragen	lang	backen	Träger
kalt	schlafen	Zahl	Apfel	täglich	kälter	Wärme
Länge	wählen	gezählt	Äpfel	Bäcker	sie schläft	

2 Markiere in Aufgabe 1 das **ä** in den verwandten Wörtern.

3 Zu welchen Wörtern findest du verwandte Wörter mit **a**?
Streiche die anderen Wörter durch.

R__der	Bl__tter	F__sser	W__lder	B__rge	Pl__ne
B__lle	L__ben	Abf__lle	Gew__sser	__ngstlich	L__nder

4 Schreibe aus dem Kasten von Aufgabe 3 die Wörter mit **ä** auf.

Ich kann Wörter mit **Ä/ä** ableiten.

Wörter mit Äu/äu

(1) Unterstreiche verwandte Wörter in der gleichen Farbe.

laufen	Schlauch	Maus	Faust	braun	Bauch	laut
Haus	Raum	Kraut	Läufer	Bäuche	läuten	
Häuser	bräunlich	Räume	Mäuse	Fäuste	Kräuter	Schläuche

(2) Markiere in Aufgabe 1 das **äu** in den verwandten Wörtern.

(3) Zu welchen Wörtern findest du verwandte Wörter mit **au**?
Streiche die anderen Wörter durch.

L___se	Geb___de	n___n	Sch___ne	sch___men
tr___men	R___ber	B___le	K___fer	Str___cher

(4) Schreibe die Wörter mit **äu** aus dem Kasten von Aufgabe 3 auf.

(5) Kontrolliere gemeinsam mit einem anderen Kind.

Ich kann Wörter mit **Äu/äu** ableiten.

Wortfamilien

1 Welche Wörter gehören zur gleichen Wortfamilie?
Kreise sie mit der gleichen Farbe ein.

er singt	hoffen	brauchen	Hoffnung	Brauchtum	vorsingen
singen	gehofft	verbraucht	Singspiel	ich brauche	sie hofft

2 Unterstreiche den Wortstamm in den Wörtern von Aufgabe 1 jeweils mit einer Farbe.

3 Bilde Wörter mit dem Wortstamm **spiel/Spiel**. Schreibe sie auf.

vor	Ball	ab	spiel	en	platz	e
nach	Kinder	ein	Spiel	er	haus	t

4 Unterstreiche in jedem Wort von Aufgabe 3 den Wortstamm.

Ich kann Wortstämme erkennen. ☺ 😐 ☹

Wörter ableiten

Nomen großschreiben

Nomen

(1) Unterstreiche die Nomen. Sie werden am Anfang großgeschrieben.

laufen	plötzlich	Opa	Mädchen	Baum	oft	lachen
schön	glänzend	wer	Postbote	singen	im	Buch
schnell	Computer	Sand	Fliege	Gras	Löffel	Hund
Kartoffel	wachsen	Blume	Tiger	Lehrer	wo	Fisch

(2) Ordne die Nomen von Aufgabe 1 und trage sie in die Tabelle ein.

Menschen	**Tiere**	**Pflanzen**	**Dinge**

(3) Welche Wörter sind Nomen? Unterstreiche sie und schreibe sie richtig auf.

arzt leise rose biene max kleid klein tante

Ich kann Nomen erkennen und schreibe sie groß. ☺ 😐 ☹

– Sprachliche Strukturen untersuchen
– Wortarten bestimmen

Nomen und ihre Artikel

1 Zu welchen Wörtern passt ein Artikel? Unterstreiche sie.

Katze	dann	Oma	froh	Ei	Lineal	kocht
neulich	nun	Buch	sauer	dünn	ziehen	neu

2 Schreibe die Nomen von Aufgabe 1 mit Artikel in der Einzahl und in der Mehrzahl auf.

3 Welche Wörter sind Nomen?
Unterstreiche sie und schreibe sie richtig auf.

also	die frau	spielt	die fliege	gemalt
und	der apfel	süß	fahren	wäscht

Ich kann Nomen und ihre Artikel erkennen.

Nomen und Verben

1 Unterstreiche in den Sätzen alle Nomen und Verben mit zwei verschiedenen Farben.

Die Kühe grasen. Das Pferd trabt. Der Hund bellt. Die Ziege bockt.

2 Schreibe die Verben aus Aufgabe 1 in der Grundform auf.

3 Kontrolliere mit der Wörterliste.

4 Setze die Verben in der passenden Form in die Sätze ein.

grunzen fahren lachen summen

Das Schwein ______. Der Trecker ______.

Die Bienen ______. Die Bäuerin ______.

5 Welche Wörter sind Nomen? Unterstreiche sie.

SCHNEIDEN	BÄCKER	MAIS	LEGT	FELD	SCHAUFEL
ARBEITET	SCHLAFEN	STALL	HEU	BLEIBST	KARTOFFEL

Ich kann Nomen und Verben erkennen.

– Strategien zur Wortartenbestimmung nutzen
– Wortarten bestimmen

Satzanfänge großschreiben

1 Setze die Satzanfänge richtig ein.

______	Klasse plant einen Ausflug.	die
______	möchte gerne das Meeresmuseum besuchen.	Anneli
______	Elias schlägt eine Wanderung vor.	aber
______	dann erwähnt Akim auch noch den Kletterpark.	und
______	wollen alle darüber abstimmen.	jetzt

2 Korrigiere den Text. Achte auf die Satzzeichen und Satzanfänge.
Überprüfe deine Lösungen gemeinsam mit einem anderen Kind.

> Johannes geht in die 2 b seine besten Freunde sind Alena und Leon sie unternehmen viel zusammen am Samstag waren sie mit Alenas Eltern im Tierpark die Giraffen fanden alle am besten das war ein toller Ausflug

3 Schreibe auf, wohin du gern einen Ausflug machen würdest. Begründe.

____

____

Ich kann Satzanfänge großschreiben. ☺ 😐 ☹

Wörter mit Rechtschreibbesonderheiten

Wörter mit X/x und Y/y

1 Wie heißen die Wörter? Setze **X/x** oder **Y/y** ein.

Ta__i	Pon__	A__t	fi__	X__lofon	
Bo__er	Mi__er	Bab__	__ak	He__e	Tedd__
Ni__e	t__pisch	Part__	Hand__	Le__ikon	

2 Trage die Wörter aus Aufgabe 1 in die Tabelle ein. Markiere **X/x** und **Y/y**.

Wörter mit **X/x**	Wörter mit **Y/y**

3 Schreibe die Wörter richtig auf. Kontrolliere mit der Wörterliste.

XTTE HCKOEY EPEXRET SYTSME

Ich kann Wörter mit **X/x** und **Y/y** schreiben.

Wörter mit V/v

1 Lies die Wörter mit **V/v** deutlich.
Manchmal klingt **V/v** wie bei **Vogel**, manchmal wie bei **Vase**.

Advent	viel	Klavier	Vase	Vater	Verb	Lava
vielleicht	vier	Vogel	vom	von	vor	Vulkan

2 Trage die Wörter aus Aufgabe 1 in die Tabelle ein.

V/v klingt wie bei **Vogel**	**V/v** klingt wie bei **Vase**

3 Bilde Verben mit **ver-** und **vor-**. Schreibe sie auf.

ver- vor-

lesen stehen sprechen laufen

4 Finde weitere Wörter mit **V/v**. Schreibe sie auf.
Nutze die Wörterliste oder ein Wörterbuch.

Ich kann Wörter mit **V/v** schreiben.

Wörter mit anderen Merkstellen

1 Trage die Wörter in die Tabelle ein.

Cent	Hai	Quelle	Computer	Mädchen	bequem	Käse	Comic
Kaiser	Bär	Mais	Quadrat	Quatsch	Clown	Mai	Käfer

Wörter mit **C**	Wörter mit **ai**	Wörter mit **ä**	Wörter mit **Qu/qu**

2 Setze die Wörter und Bildwörter zusammen. Schreibe sie mit Artikel auf.

-Laib ______ Club- ______

3 Bilde zusammengesetzte Nomen. Schreibe sie mit Artikel auf.

Quark- ______ ______

______ -Creme ______

Ich kann Wörter mit Merkstellen richtig schreiben.

Wörter mit stummem h

Warum schreibt man manchmal ein **h** nach einem Vokal?

Bei manchen Wörtern mit langem Vokal ergänzt man ein **h**. Die Wörter musst du dir merken.

1 Trage die Wörter in die Tabelle ein.

Frühling	Uhr	Zahn	zählen	nehmen	ihn	Höhle	
Fehler	Jahr	Stuhl	bohren	wohnen	zehn	ihnen	ihr

uh/üh	ah/äh	oh/öh	eh	ih
Frühling				

2 Finde die verwandten Wörter. Trage sie in die Lücken ein.

der Stuhl – Im Klassenzimmer stehen viele ________ .

die Bahn – Viele Auto ________ sind dreispurig.

der Zahn – Alle Milch ________ sind ausgefallen.

wühlen – Im Garten leben viele ________ mäuse.

die Zahl – Urs ________ seine Buntstifte.

3 Kontrolliere gemeinsam mit einem anderen Kind oder mit der Wörterliste.

Ich kann Wörter mit stummem **h** nach langem Vokal richtig schreiben.

Wörter mit tz, ck und ß

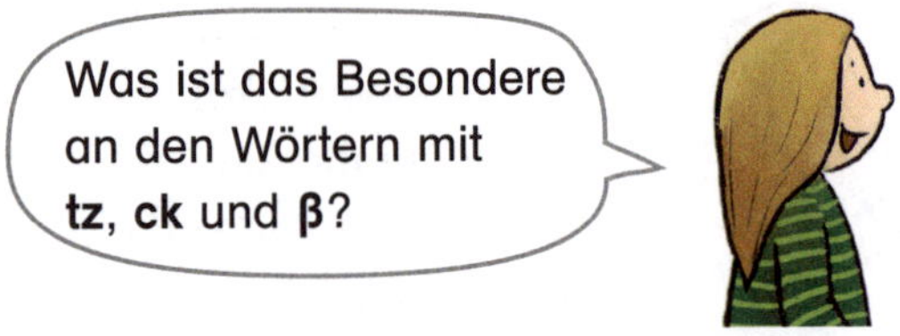

1 Unterstreiche **tz**, **ck** und **ß** mit drei verschiedenen Farben.

Fuß sitzen Katze backen groß dick Satz Fleck Straße

2 Schreibe die Wörter aus dem Kasten von Aufgabe 1 geordnet auf.

Wörter mit **tz** ______

Wörter mit **ck** ______

Wörter mit **ß** ______

3 Ergänze **tz**, **ck** oder **ß** in den Wörtern.

genie___en	e___ig	Stra___e	Fle___	nü___lich	sü___
drau___en	Da___el	Gebä___	si___en	tro___dem	plö___lich

4 Trage Wörter mit **ck**, **ß** und **tz** ein.

Das Gegenteil von Pech ist ______.

Auf dem Kindergeburtstag haben alle ganz viel ______.

Im Winter trage ich Handschuhe, Schal und ______.

5 Kontrolliere mit der Wörterliste.

Ich kann Wörter mit **tz**, **ck** und **ß** schreiben. ☺ 😐 ☹

– Phonologisches und silbisches Prinzip nutzen
– Lautqualitäten überprüfen

Mit dem Übungswortschatz arbeiten

Häufige Wörter

1 Markiert gemeinsam die häufigen Wörter aus dem Wörterkasten im Text. Streicht dabei die Wörter im Kasten durch, die ihr gefunden habt.

aber	als	also	auch	auf	aus	bei	da	das	der	des
dich	die	doch	du	durch	er	es	für	her	hinter	ich
im	in	ist	ja	mit	nach	nein	nicht	nun	oder	schon
sie	sind	so	über	um	und	was	weil	wer	wir	wo

Schon halb acht und ich muss gleich los!
Aber wo ist das Lesebuch? Es lag auf dem Tisch, hinter den Stiften, oder? In der Schublade ist es nicht, auch den Stapel vor dem Bett habe ich durchgesehen. Also muss es woanders sein. Nein, bei der Konsole liegt nur die Verpackung des Spiels. Die Fensterbank ist auch leer. Oje, nun ruft schon Mama nach mir. Was ist, wenn ich es nicht finde? Hmm, ich hatte es aus dem Ranzen genommen, um für den Vortrag über Märchen zu lesen. Zum Training, da hatte ich es nicht mit. Nach dem Training sind wir noch in der Küche gewesen und dann war es weg. Vielleicht ist es doch im Ranzen? Ich gucke besser noch einmal nach. Oh. Hier ist es ja. So. Dann kann ich jetzt auch endlich los.

2 Welche acht Wörter habt ihr im Text nicht gefunden? Schreibt sie auf.

Ich kenne häufige Wörter. ☺ 😐 ☹

Eigene Wörter

1 Trage deine Übungswörter ein.
Unterstreiche, welche Stelle für dich schwer ist.

meine Übungswörter	in Silben	verwandtes Wort

2 Kontrolliere deine Übungswörter in Aufgbae 1 mit dem Wörterbuch oder frage deine Lehrerin oder deinen Lehrer, ob sie richtig geschrieben sind.

3 Fülle auch die anderen Spalten der Tabelle in Aufgabe 1 aus.

Ich kann eigene Wörter üben.	☺	😐	☹

– Rechtschreibung entsprechend eigener Lernbedürfnisse trainieren
– Sprachbewusstsein erweitern

Wörterliste

A a

aber
ab|spie|len*, er spielt ab
al|le, alles
als
al|so
die **Amei|se**, die Ameisen
die **Angst***, die Ängste
ängst|lich*, sie ist ängstlich
ant|wor|ten, er antwortet
der **Ap|fel**, die Äpfel
ar|bei|ten, er arbeitet
der **Arzt***, die Ärzte
auf
die **Auf|ga|be**, die Aufgaben
das **Au|ge**, die Augen
aus
das **Au|to**, die Autos

B b

das **Ba|by**, die Babys
ba|cken, er backt
der **Bä|cker***, die Bäcker
ba|den, sie badet
die **Bahn**, die Bahnen
der **Ball***, **die Bälle**
das **Ball|spiel***, die Ballspiele
die **Bank**, die Bänke
der **Bart***, die Bärte
der **Baum**, die Bäume
bei
das **Bein***, die Beine
bel|len*, er bellt
der **Berg***, die Berge
die **Beu|le***, die Beulen
der **Bi|ber***, die Biber
die **Bie|ne**, die Bienen
das **Bild**, die Bilder
die **Bir|ne**, die Birnen
das **Blatt***, die Blätter
blau, die blaue Hose
blei|ben, sie bleibt
die **Blu|me**, die Blumen
die **Blü|te**, die Blüten
bo|cken*, sie bockt
bö|se, das böse Monster
brau|chen, er braucht
braun, der braune Bär
breit*, das breite Sofa
die **Bril|le***, die Brillen
brin|gen, sie bringt
das **Brot**, die Brote
der **Bru|der**, die Brüder
der **Bub**, die Buben
das **Buch**, die Bücher
bunt, der bunte Hut
die **Burg***, die Burgen

C c

der **Cent**, die Cent
der **Clown**, die Clowns
der **Com|pu|ter**, die Computer

D d

da
der **Da|ckel**, die Dackel
dan|ken, sie dankt
das
der **Del|fin***, die Delfine
den|ken, sie denkt
der
des
dich
dick, der dicke Kater
die
dir
doch
die **Do|se**, die Dosen
drau|ßen*
du
dun|kel, das dunkle Fell
durch
dür|fen, er darf

* Diese Wörter stehen nicht im Grundwortschatz für die Jahrgangsstufen 1 und 2.

E e

eckig*, das eckige Haus
das **Ei**, die Eier
der **Ei|mer***, die Eimer
das **Eis**
das **En|de**, die Enden
eng, der enge Weg
die **En|te**, die Enten
er
es
der **Esel**, die Esel
der **Eu|ro**, die Euro
der **Ex|per|te***, die Experten

F f

fah|ren*, er fährt
fan|gen*, sie fängt
die **Fe|der**, die Federn
fein, der feine Sand
das **Feld***, die Felder
das **Fens|ter**, die Fenster
fin|den, er findet
der **Fin|ger***, die Finger
der **Fleck***, die Flecken
die **Flie|ge***, die Fliegen
flink*, die flinke Maus
fra|gen, er fragt
die **Frau**, die Frauen
der **Freund**, die Freunde
frisch, das frische Brot
der **Früh|ling**
der **Fül|ler**, die Füller
für
der **Fuß**, die Füße

G g

die **Ga|bel**, die Gabeln
der **Gar|ten**, die Gärten
das **Ge|bäck***, die Gebäcke
ge|ben, sie gibt
ge|hen, er geht
gelb, die gelbe Blume
das **Geld***, die Gelder
das **Ge|mü|se**
ge|nie|ßen*, er genießt
ge|sund, das gesunde Kind
das **Ge|tränk***, die Getränke
das **Gip|fel|kreuz***, die Gipfelkreuze
das **Glück***
das **Gras**, die Gräser
gra|sen*, sie grast
der **Gras|hüp|fer***, die Grashüpfer
das **Grieß|no|ckerl***, die Grießnockerl, die Grießnockerln
groß, der große Baum
grün, das grüne Gras
gut, die gute Schwester

H h

ha|ben, er hat
der **Hai**, die Haie
die **Hand***, die Hände
der **Ha|se**, die Hasen
das **Haus**, die Häuser
hel|fen*, er hilft
her
die **He|xe**, die Hexen
der **Him|mel**
hin|ter
hoch, das hohe Haus
das **Ho|ckey***
ho|len, er holt
hö|ren, sie hört
die **Ho|se**, die Hosen
der **Hund**, die Hunde
hun|dert*
hüp|fen*, es hüpft
der **Hüp|fer***, die Hüpfer

I i

ich
im
in
ist

J j

ja
das **Jahr**, die Jahre
der **Jun|ge**, die Jungen

K k

der **Kai|ser**, die Kaiser
das **Kalb***, die Kälber
kalt*, das kalte Wetter
der **Kä|se***, die Käse
die **Kat|ze**, die Katzen
die **Ker|ze***, die Kerzen
das **Kind**, die Kinder
das **Kin|der|spiel***, die Kinderspiele
der **Kin|der|spiel|platz***, die Kinderspielplätze
die **Kis|te**, die Kisten
die **Klas|se**, die Klassen
das **Kla|vier***, die Klaviere
das **Kleid**, die Kleider
klein, der kleine Hund
das **Knie***, die Knie
der **Kof|fer***, die Koffer
kön|nen, er kann
der **Kopf**, die Köpfe
krank, sie ist krank
der **Ku|chen***, die Kuchen

L l

das **Land***, die Länder
lau|fen, sie läuft
die **Laus***, die Läuse
laut, das laute Auto
le|ben, er lebt
le|gen, sie legt
leicht, die leichte Feder
lei|se, die leise Klasse
die **Lei|ter***, die Leitern
len|ken*, er lenkt
ler|nen, sie lernt
le|sen*, er liest
die **Leu|te**
lie|ben, sie liebt
das **Lied***, die Lieder
die **Lie|ge***, die Liegen
lie|gen, es liegt
das **Li|ne|al***, die Lineale
die **Lip|pe***, die Lippen
der **Lö|we***, die Löwen

M m

ma|chen, sie macht
das **Mäd|chen**, die Mädchen
der **Mai**
der **Mais***
ma|len, er malt
die **Maus**, die Mäuse
der **Me|ter***, die Meter
mit
der **Mond***, die Monde
der **Mor|gen***
der **Mund***, die Münder
die **Mu|sik***
müs|sen, er muss
die **Mut|ter**, die Mütter
die **Müt|ze***, die Mützen

N n

nach
das **Nach|spiel***
nach|spie|len*, sie spielt nach
die **Na|del**, die Nadeln
der **Na|me**, die Namen
der **Ne|bel**, die Nebel
nein
neu, das neue Buch
neun*
nicht
nun
nütz|lich*, der nützliche Stift

O o

oder
die **Oma**, die Omas
der **On|kel**, die Onkel
der **Opa**, die Opas

P p

der **Pa|pa|gei***, die Papageien
der **Part|ner**, die Partner
das **Pferd**, die Pferde
die **Pflan|ze**, die Pflanzen
der **Pilz***, die Pilze
der **Pin|sel**, die Pinsel
der **Pi|rat***, die Piraten
die **Piz|za***, die Pizzen
der **Pla|net***, die Planeten
plötz|lich*, die plötzliche Wende
die **Pup|pe***, die Puppen

Qu qu

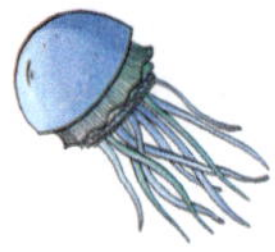

das **Qua|drat**, die Quadrate
der **Quatsch**
die **Quel|le**, die Quellen

R r

der **Ra|be**, die Raben
das **Rad***, die Räder
der **Ran|zen***, die Ranzen
der **Räu|ber***, die Räuber
die **Rau|pe**, die Raupen
rech|nen, sie rechnet
re|den, er redet
der **Re|gen**
rei|sen, sie reist
der **Ring**, die Ringe
rol|len, es rollt
der **Rol|ler***, die Roller
rot, das rote Haus
ru|fen, er ruft
rund*, der runde Ball

S s

sa|gen, sie sagt
das **Salz**, die Salze
der **Sand***, die Sande
der **Satz**, die Sätze
das **Schaf**, die Schafe
die **Schau|fel***, die Schaufeln
schei|nen, sie scheint
schla|fen, er schläft
die **Schlei|fe***, die Schleifen
schnei|den, sie schneidet
schon
schön, die schöne Blume
schrei|ben, er schreibt
die **Schu|le**, die Schulen
schwarz, der schwarze Stuhl
die **Schwes|ter**, die Schwestern
die **Sei|fe**, die Seifen
sie
das **Sieb**, die Siebe
sie|ben, er siebt
sie|ben*
der **Sieg***, die Siege
die **Sil|be***, die Silben
sind
sin|gen, sie singt
sit|zen, es sitzt
so
sol|len, er soll
der **Som|mer**
die **Son|ne**, die Sonnen
spa|ren, sie spart
der **Spaß***, die Späße
der **Specht***, die Spechte
der **Spie|gel***, die Spiegel
das **Spiel***, die Spiele
spie|len, sie spielt
der **Spie|ler***, die Spieler
das **Spiel|haus***, die Spielhäuser
der **Spiel|platz***, die Spielplätze
die **Spin|ne***, die Spinnen
der **Sport**
spre|chen, sie spricht
die **Sprit|ze***, die Spritzen
spü|len*, er spült
der **Stall***, die Ställe
stark*, der starke Bub
der **Stein**, die Steine
der **Stem|pel***, die Stempel
der **Stern**, die Sterne
der **Stie|fel***, die Stiefel
der **Stift***, die Stifte

der **Stor|ch***, die Störche
die **Stra|ße***, die Straßen
die **Streu***
der **Stuhl***, die Stühle
die **Stun|de**, die Stunden
der **Sturm***, die Stürme
su|chen, sie sucht
süß*, die süßen Trauben
das **Sys|tem***, die Systeme

T t

der **Tag**, die Tage
die **Tan|te**, die Tanten
die **Tas|te***, die Tasten
das **Te|le|fon**, die Telefone
der **Text***, die Texte
das **Tier***, die Tiere
der **Tisch**, die Tische
die **To|ma|te**, die Tomaten
tra|ben*, es trabt
träu|men*, er träumt
trin|ken, sie trinkt
trotz|dem*
tun
tur|nen, er turnt

U u

üben, sie übt
über
die **Uhr**, die Uhren
um
und

V v

die **Va|se**, die Vasen
der **Va|ter**, die Väter
der **Ver|band***, die Verbände
ver|glei|chen*, er vergleicht
der **Ver|kehr***
ver|lie|ren*, sie verliert
viel
vier*
der **Vo|gel**, die Vögel
vor
das **Vor|spiel***, die Vorspiele
vor|spie|len*, er spielt vor

W w

der **Wald***, die Wälder
war|ten, sie wartet
was
das **Was|ser**
der **Weg**, die Wege
weil
weit
wei|ter
wer
die **Wie|se**, die Wiesen
der **Wind**, die Winde
win|ken*, sie winkt
der **Win|ter**
wir
wo
die **Wo|che**, die Wochen
der **Wolf**, die Wölfe
die **Wol|ke**, die Wolken
wol|len, sie will
das **Wort**, die Wörter
wüh|len, sie wühlt
wün|schen, er wünscht
die **Wur|zel**, die Wurzeln

X x

Y y

Z z

die **Zahl**, die Zahlen
zah|len, sie zahlt
zäh|len, er zählt
der **Zahn**, die Zähne
zei|gen, sie zeigt
die **Zeit**, die Zeiten
die **Zie|ge**, die Ziegen
zwei
der **Zweig***, die Zweige
die **Zwie|bel***, die Zwiebeln

Wichtige Fachwörter

Artikel	Vor Nomen kann ein Artikel stehen: *der Löffel, die Gabel, das Messer, ein Teller, eine Tasse.* Es gibt die Artikel *der, die, das* und *ein, eine.*
Buchstabe	Laute, die wir aussprechen, können wir als Buchstaben aufschreiben. Buchstaben kann man sehen, Laute kann man hören.
doppelter Konsonant	Endet beim Sprechen die erste Silbe mit einem Konsonanten *bren-* und fängt die zweite Silbe mit demselben Konsonanten *-nen* an, dann wird dieser beim Schreiben verdoppelt: *brennen.*
Einzahl	Nomen können in der Einzahl stehen: *das Haar, ein Haar.*
Groß-schreibung	Das erste Wort am Anfang eines Satzes schreibt man groß und Nomen schreibt man immer groß.
Grundform	Jedes Verb hat eine Grundform: *schreiben, lesen.*
Konsonant	Konsonanten sind Laute, bei denen beim Sprechen die Lippen, die Zunge, die Zähne mitklingen: *b, c, d ...*
Laut	Laute nennt man die Buchstaben, wenn sie gesprochen werden. Laute kann man hören, Buchstaben kann man sehen.
Mehrzahl	Nomen können in der Mehrzahl stehen: *die Bäume, die Häuser.*
Nomen	Nomen sind oft Wörter für Lebewesen und Dinge: *Baby, Haus.* Vor Nomen kann ein Artikel stehen: *das Baby, ein Haus.* Nomen haben Einzahl und Mehrzahl: *die Hose – die Hosen.* Nomen werden immer großgeschrieben.
Satz	Ein Satz besteht aus mehreren Wörtern: *Wir haben einen Teich.* Der neue Satz fängt mit einem großgeschriebenen Wort an.
Silbe	Alle Wörter bestehen aus Silben: *Heft, Blu-me, Te-le-fon.* Wörter können aus einer oder aus mehreren Silben bestehen. In jeder Silbe gibt es einen Vokal, Umlaut oder Zwielaut. Die Silben kannst du hören, wenn du die Wörter deutlich sprichst.
Umlaut	Umlaute sind solche Vokale, die zwei Striche oder Punkte über den Buchstaben haben: *ä, äu, ö, ü.*
Vokal	Vokale sind Laute, die beim Sprechen selbst klingen: *a, e, i, o, u,* aber auch *ä, ö, ü* und *au, ei, eu, ie.*
Wortbaustein	Viele Wörter bestehen aus verschiedenen Wortbausteinen. An den Wortstamm können Wortbausteine angefügt werden: *weg/*fahr*/en.*
Wortfamilie	Wörter einer Wortfamilie sind miteinander verwandt. Sie haben einen Teil, der meistens gleich oder ähnlich geschrieben wird: fahr*en,* fähr*st,* Fahr*er.*
Wortstamm	Der Wortstamm eines Wortes ist meistens gleich oder ähnlich geschrieben. An den Wortstamm können Wortbausteine angefügt werden: *ab/*spiel*/en.*
Zwielaut	Zwielaute sind Buchstabenverbindungen aus zwei Vokalen: *au, ei, eu, ie.*

– Begriffe nachschlagen
– Begriffe klären